LE CHATEAU DE HAM ET SES PRISONNIERS,

PAR

CH. GOMART,

Membre de plusieurs Sociétés savantes
et Correspondant du Ministre de l'instruction publique,
à Saint-Quentin (Aisne).

A PARIS
CHEZ DUMOULIN, LIBRAIRE-ÉDITEUR,
16, QUAI DES AUGUSTINS.

1853.

LAON. — TYPOGRAPHIE DE ERN. MARÉCHAL.

Emblêmes, gravés en relief au dessus de la Porte d'entrée du Fort.

PLAN
DU CHATEAU
DE
HAM.
(Somme.)

CANAL DE LA SOMME

ANCIEN ÉTANG.

ESPLANADE.

CHATEAU DE HAM.

1 Logement actuel du Gouverneur.
2 Casernes.
3 Demi-lune.
4 Logement des prisonniers d'Etat.
5 Tour aux poudres, ou Tour razée.
6 Tour de l'Etang.
7 Tour de l'Esplanade.
8 Tour carrée (ancienne entrée).
9 Grosse Tour, ou tour du Connétable.
10 Tour carrée, servant d'entrée actuellement.
11 Demi-lune, en avant du Fort.
12 Batiment ayant servi d'habitation aux Seigneurs du XVI.e Siècle.
13 Entrée actuelle

A. Fossé d'Enceinte.
B. Galeries souterraines.
C. Tracé du mur de contre garde.
D. Partie du Chateau présumée la plus ancienne.
E. Porte qui communiquait avec la demi-lune.
F. Passage de la rivière de la Sommette dans le Fort au XVII.e Siècle.
G. Emplacement de la Tour Barbacane.

10 20 30 40 50 60 70 80 90 100

1 2 3 4 5 6 7 8 9 10

Echelle de 0.m 001 pour 2 mètres.

CH. GOMART, delineavit. 1858. — Lith. DOLOY à St-Quentin. — J. MÉLOTTE, fecit.

PLAN
DU CHATEAU
DE
HAM.
(Somme)

LE CHATEAU DE HAM ET SES PRISONNIERS.

La construction du château de Ham remonte à l'établissement même du régime féodal en France, époque où les seigneurs, pour se protéger contre les irruptions des barbares, élevèrent un grand nombre de clôtures, de réduits, d'habitations qui, plus tard, furent converties en places fortes et en véritables forteresses. La position du château, au milieu, pour ainsi dire, des marais fangeux de la Somme, indique assez que sa destination primitive fut de garder le passage de cette rivière, dont la possession offrait de grands avantages pour repousser une invasion.

Le château actuel de Ham est sans nul doute le château bâti en 1216, par Odon IV, sur l'emplacement d'un plus ancien, plusieurs fois cité dans le roman de *Raoul de Cambrai*, mais qui, depuis, a été transformé et fortifié par plusieurs de ses possesseurs dans le courant des quatorzième et quinzième siècles, suivant les systèmes de défense de l'époque. L'enceinte présente un rectangle d'environ cent vingt mètres de longueur sur quatre-vingts de largeur, ayant à chaque angle une tour ronde, en saillie sur l'enceinte. L'une d'elles, la tour du Nord-Est (n° 9 du plan), plus large et plus haute que les autres, est nommée la *Grosse-Tour*, ou la *Tour-du-Connétable*. Outre ces quatre tours rondes, deux autres tours carrées ont été élevées pour protéger les courtines. L'une, celle du Nord (n° 8 du plan), qui servait autrefois d'entrée, est bouchée depuis le quinzième siècle; l'autre, celle de l'Ouest (n° 10 du plan), est la seule entrée actuelle du fort.

L'intérieur du château présente peu de vestiges des constructions primitives, du moins hors de terre; les plus anciennes ne remontent pas au-delà de la fin du XIVe siècle, plusieurs sont des XVe et XVIe siècles.

Au-dessus de la porte d'entrée de la tour n° 10, on remarque, dans l'ancien donjon, plusieurs travées voûtées en arcs-croisés, avec moulures prismatiques : c'était là sans doute où se trouvait la chapelle. En entrant dans le château, après avoir franchi la tour attenant au pont-levis, on voit encore un bâtiment (n° 12 du plan), qui sert actuellement de corps-de-garde, et dans lequel on retrouve tous les caractères du style de la renaissance.

Quelques sujets sculptés apparaissent aussi aux deux clefs des ogives, faisant voûte, dans l'embrasure, de la tour ronde du Sud (n° 5 du plan). On remarque, au milieu de feuilles de vigne, de choux et de cordons entrelacés, terminés par des houppes ou glands, un panneau carré sculpté, représentant Adam et Eve, au Paradis terrestre, avec l'arbre de la science et le serpent; dans l'angle on trouve un écu portant *trois fleurs de lys, 2 et 1*, avec une couronne au-dessus. La seconde clef de voûte sculptée représente, dans un médaillon, un moine en robe, avec des ailes, au milieu de feuilles de vigne, de choux, de chêne, de ceps avec grappes de raisin. Sur une des faces, un chien porte dans sa gueule un écu très-petit, représentant *deux clefs passées en sautoir*.

Les bâtiments servant aujourd'hui de logement au Gouverneur (n° 1), aux prisonniers d'État (n° 4) et au casernement des troupes (n° 2), groupés dans le périmètre de l'enceinte intérieure, sont plus ou moins modernes et ne se recommandent que par les souvenirs des évènements relatifs aux prisonniers célèbres qui y ont été renfermés.

Autour de l'enceinte et des tours règne, du côté de l'Esplanade, un immense et profond fossé à cunette (AA) autrefois constamment

Vue de l'entrée du Château de Ham, prise de l'Esplanade.

baigné par les eaux d'un étang qui protégait au loin plus de la moitié des murs du château ; il présente cette particularité qu'il est garni, du côté de l'Esplanade, de galeries souterraines (BB) qui communiquaient avec le fort par un passage pratiqué à travers les piliers des arches du pont. Les assiégés, après une sortie, pouvaient rentrer dans le fort par ces galeries aboutissant dans un souterrain, situé sous l'entrée de la tour carrée (n° 10), d'où il était facile de gagner les poternes, couverte par l'ancien mur de contre-garde (CC). Les eaux ont disparu par suite de la suppression du barrage de la porte de Noyon et du détournement de la Sommette, qui alimentait l'étang. Cette petite rivière se jette aujourd'hui dans la Somme, au-dessus du château.

L'enceinte du fort était encore protégée extérieurement, jusqu'à une certaine hauteur, par un mur de contre-garde (CC) en moëllons, élevé de trois mètres, terminé par un couronnement en grès qui masquait le chemin de ronde, dans les fossés mêmes.

La porte d'entrée (n° 10) est couverte par une demi-lune (n° 11) qui commande les approches du fort. Cet ouvrage du seizième siècle, séparé de l'Esplanade par le prolongement du grand fossé d'enceinte, est garni d'une porte pleine et d'un pont-levis.

On remarque, au-dessus de la porte d'entrée à ogive de la tour carrée (n° 10), un J accompagné de deux houppes ou cordelières sculptées dans le grès. Ces emblèmes sont reproduits au-dessus des mâchicoulis qui couronnent les tours n°s 6 et 7 et sur la courtine qui les réunit. Toutefois, d'après l'examen des lieux, et d'après les renseignements que nous nous sommes procurés, on peut supposer que dans l'origine, c'est-à-dire avant le XVe siècle, les angles n°s 6 et 7 des murs de la forteresse qui commandent la ville de Ham et l'Esplanade étaient garnis et défendus par les tours de forme carrée, comme le donjon central ; probablement lorsque Jehanne de Bar, première femme du Connétable St-Pol, a fait recoustruire en partie les murs, elle en aura fait prolonger le plan en forme elliptique, pour donner aux tours plus d'épaisseur et de saillie. C'est ce qui peut expliquer les formes discordantes que présentent les tours n°s 6 et 7, établies intérieurement sur une forme carrée et extérieurement sur une forme elliptique.

Les houppes répandues sur tout le monument, et que certains historiens prétendent être *houppes pendantes au bout du cordon entrelacé que portent les religieuses* et sur lesquelles ils se basent pour faire construire la *Tour-du-Connétable*, par Jeanne de Bourbon, abbesse des Cordelières, étaient l'emblème adopté par le Connétable longtemps avant 1470.

Nous les trouvons peintes en bleu avec filets d'or sur la première page du manuscrit du *Pas d'Armes de la Bergère*, tournoi qui eut lieu à Tarascon, le 4 juin 1449, et dont la relation est dédiée à Louis de Luxembourg.

A la bataille de Montlhéry « les archers de corps du comte Sainct-
» Pol avoient paltoz le dessoubz de drap gris découppé, et le dessus
» de drap rouge tout chargé d'orfévrerie, à une houppe au milieu,
» devant et derrière, sans avoir la croix Sainct-Andrieux. » (1)

Le côté Est est défendu par une demi-lune (n° 3) que l'ancien étang entourait de ses eaux et que le canal de la Somme sépare encore aujourd'hui du fort. Cette demi-lune, dont la forme a été plusieurs fois modifiée, communiquait au corps de la place par un pont-levis dont l'entrée (E) existe encore, près de la tour n° 5, dans la courtine de l'Est.

La courtine du Sud, quoique protégée au loin par les eaux, avait en outre une tour de barbacane, placée au centre de l'étang, à cent mètres environ du château, et dont on voit encore aujourd'hui l'atterrissement (G). Cette tour était reliée au fort par une chaussée aboutissant à une poterne placée dans la courtine du Sud.

Le mur d'enceinte qui relie les tours 5, 6, 10, 7, 8, 9, d'une épaisseur considérable, est élevé de seize mètres au moins au-dessus du sol et fait en moëllons jaunes, avec revêtement en grès jusqu'à une certaine hauteur. Ce mur, couronné de créneaux dans les courtines de l'Ouest, de l'Est et en partie dans celle du Sud, était porté en encorbellement sur des mâchicoulis, par le vide duquel on pouvait jeter sur les assiégeants des pierres, du plomb fondu, de l'huile bouillante et toutes sortes de matières inflammables. Des galeries permettaient de communiquer, à couvert, d'une tour à l'autre, et, par conséquent, de faire le service du château à l'abri des coups des assiégeants.

La partie de l'enceinte (D), voisine de la *Tour-aux-Poudres*, remonte évidemment à la grande époque féodale. Les seigneurs de Ham, qui, au commencement du XIIIe siècle, faisaient ouvrir un fossé

(1) *Mémoires de Jean de Haynin*, Mss de la bibliothèque de Bourgogne à Bruxelles, numéros 11677-11683.

(AA) pour séparer leur château de la ville, habitaient alors un vaste corps de logis (D) situé dans la courtine Sud-Est de l'enceinte.

Il est facile de reconnaître, par quelques fenêtres (aujourd'hui bouchées) à meneaux cruciformes et surmontées d'arcs en décharge à plein-cintre, que la partie D de la muraille voisine de la *Tour-aux-Poudres* (n° 5) a servi d'habitation antérieurement au XVe siècle.

Lorsqu'on répara, il y a plusieurs années, les fortifications du château, on découvrit dans la partie intérieure du mur DD, plusieurs objets, des restes d'anciennes armures, des dorures sur les murs qui ne peuvent laisser aucun doute à cet égard.

Le mur extérieur de la courtine Sud a été remanié sur toute son étendue, car des portions considérables présentent des appareils qui ne se relient pas entr'eux. Au niveau du soubassement, on remarque un énorme cintre, affectant la forme ogivale, qui servait d'ouverture au canal qui alimentait autrefois un moulin placé dans l'enceinte du château et dont on trouve des traces dans plusieurs plans, ainsi que du passage de la rivière de la Sommette à travers le fort, suivant les points FFF.

Nous ne ferons pas la description de chacune des tours, ce qui nous entraînerait trop loin ; nous ne parlerons que de la *Grosse-Tour*, œuvre monstre du Connétable Saint-Pol.

La *Grosse-Tour* ou la *Tour-du-Connétable* (n° 9) bâtie de 1436 à 1466, est imposante par sa masse ; elle a 33 mètres de hauteur et autant de diamètre. Les murs, en moëllons, revêtus en grès du haut en bas, ont onze mètres d'épaisseur ; elle est divisée en trois étages, qui forment trois grandes salles hexagones voûtées, plus une plate-forme percée de huit embrasures. La *Grosse-Tour* paraît avoir été isolée primitivement, et séparée, par un fossé de dix mètres, des escarpes qui y sont aujourd'hui adjacentes. Au-dessus de la porte d'entrée, le Connétable a fait graver les emblèmes que portaient ses étendards à la bataille de Montlhéry (1465), des houppes ou cordelières avec ces mots : Mô Myeux. Cette même inscription est reproduite dans la partie de la tour qui regarde les fossés, sur le front d'une porte à ogive, aujourd'hui bouchée, au-dessous d'une fenêtre à ogive, en accolade, et accompagnée des mêmes signes héraldiques.

Un de nos compatriotes, M. Léon Paulet, à qui nous devons de curieux détails sur le château de Ham, pense que les mots Mô Myeux qui décorent la *Grosse-Tour* du fort de Ham, ne furent pas spécia-

Vue de la Grosse-Tour du Château de Ham, prise des bords du canal

lement affectés à ce monument. Dès longtemps avant ils étaient les emblèmes adoptés par le Connétable ; ils lui servaient même de cri de guerre et signifiaient : « *Je ferai de mon mieux,* » devise qui est bien dans l'esprit du moyen-âge.

Nous trouvons ces mots brodés sur son étendard à la bataille de Montlhéry en 1465 :

« L'estendart du comte de Sainct-Pol my-partie de soye grise et
» rouge, à une licorne d'argent au bout de dessus envers la lance,
» à toute la corne et le bout des pieds d'or, et si avoit escript de
» grandes lettres d'or : Mô Myevx. » (1)

En entrant dans la tour, on rencontre, à gauche, pratiqué dans l'épaisseur du mur, un magnifique escalier en spirale qui descend par vingt-neuf marches aux souterrains, et monte par cent marches aux étages supérieurs. Chaque marche de ce large escalier est formée d'un seul morceau de grès taillé, d'un mètre 80 cent. de longueur, de 40 centimètres d'emmarchement ; il est enclavé d'un côté dans la muraille et forme colonne au centre. L'escalier qui conduit au bas de la tour commence en tournant et descend ensuite directement vers le souterrain ; à droite et à gauche sont des galeries conduisant à de petits postes qu'on a improprement qualifiés d'*oubliettes*, et sur lesquelles les romanciers ont raconté des histoires atroces, mais qui, n'en déplaise à leur imagination, servaient à loger des sentinelles ou arquebusiers chargés de surveiller les courtines du Nord et de l'Est.

L'étage inférieur forme une immense salle hexagone voûtée à ogives, éclairée par une étroite meurtrière. Autour de cette salle, on a creusé, dans l'épaisseur de la muraille, six fourneaux de mines, afin de pouvoir faire sauter la tour, en cas de besoin ; ces fourneaux ont servi de cachots.

Le rez-de-chaussée ou *Salle-des-Gardes,* servait de logement aux soldats, qui couchaient sur la dalle ; on y remarque une énorme cheminée, un puits, un four. En 1829, on a débouché, donnant vers l'extérieur du fort, une seconde porte depuis longtemps condamnée, et qui servait dans l'origine à communiquer, par une petite bonnette qui la couvrait, avec la campagne.

Le premier étage ou *Chambre-du-Conseil,* est une immense salle

(1) *Mémoires de Jean de Haynin,* Mss de la bibliothèque de Bourgogne à Bruxelles, numéros 11677-11683.

voûtée à ogives, avec une énorme cheminée ; elle est éclairée par une seule fenêtre. Cette fenêtre, pratiquée dans l'épaisseur de la muraille, forme, avec son embrasure, un cabinet élevé d'une marche au-dessus de la salle, qu'elle éclaire; des bancs de pierre règnent contre les parois. A côté de la grande salle, on trouve, dans l'épaisseur du mur, une petite chambre avec cheminée, dite la *Chambre-du-Roi* ; elle n'est éclairée que par un simple créneau.

La *Tour-du-Connétable* est un des monuments les plus curieux de la deuxième moitié du XVe siècle et qui mériterait une monographie spéciale. Il serait intéressant d'en étudier l'ensemble et les détails, et d'en reproduire graphiquement les principales dispositions; peut-être un jour l'essaierons-nous.

Dans chaque tour, il y a un puits, un four, des lieux et un escalier de service.

Quand on parcourt ces endroits humides, obscurs, ces vastes salles et ces anciennes constructions, on est frappé de l'indifférence qu'on y remarque pour le bien-être matériel, pour le luxe et l'élégance. On a négligé les commodités les plus simples de la vie, quelque facilité qu'on eût à se les procurer. On se demande quels hommes et surtout quelles femmes pouvaient habiter de pareils lieux, comment les riches comtesses de Béthune, de Bar, de Luxembourg, de Bourbon, qui possédaient de nombreux domaines, de riches revenus, pouvaient vivre dans de si tristes réduits.

Le château de Ham a supporté bien des sièges : parmi les plus mémorables, nous citerons celui de 1411, par Jean-sans-Peur, duc de Bourgogne; celui de 1557, par Philippe II, roi d'Espagne; celui de 1595, par les troupes de Henri IV ; l'invasion de 1815, par la colonne du général Thyelman, suivie de l'honorable capitulation du commandant Balson (1) ; mais ces récits sortiraient du cadre que

(1) Voici la capitulation du 27 juin 1815 :

« Propositions adressées le 26 juin, par le commandant d'armes du château de Ham, au baron de Thyelman, lieutenant-général commandant en chef le 3e corps de l'armée prussienne.

» 1° Un nombre égal de troupe prussienne à celui de la garnison française sera admis au Château, pour y tenir garnison, de concert avec ladite troupe française. *ACCORDÉ.*

2° Le château sera gardé par les troupes des deux nations, prussiennes et françaises, et conservé pour le gouvernement futur de la France. *ACCORDÉ.*

3° La partie des troupes françaises, qui devra quitter le château faute de logement, pour faire place à la troupe prussienne, logera en ville et sera traitée à l'amiable par les troupes prussiennes, comme celle qui resterait au château. *ACCORDÉ.*

4° La troupe prussienne n'entrera au château que dans la journée de demain 28, pour donner

***

nous nous sommes tracé; nous examinerons une des phases de l'histoire du château de Ham, qui n'est pas la moins féconde en jeux étranges de la fortune : les prisonniers d'Etat qui y ont été détenus.

M. de Peyronnet, d'accord avec la tradition, pense que le roi Charles-le-Simple a été prisonnier au château de Ham en 923; deux ans après, le comte Herbert de Vermandois, y tenait prisonnier Everard, fils d'Helgaud, comte de Ponthieu.

Pothon de Xaintrailles, qui joua un si grand rôle sous les règnes malheureux de Charles VI et de Charles VII, fut retenu prisonnier à Ham, en 1423, par le cruel Jean de Luxembourg, partisan du duc de Bourgogne. Walleran de Saint-Germain, enfermé à Ham en même temps que Pothon de Xaintrailles, y fut décapité par ordre de Jean de Luxembourg.

La tradition veut que Jeanne d'Arc ait été détenue au château de Ham en 1431. On rapporte aussi, à cause d'une chambre de la

le temps de lui préparer un logement. A cet effet, le commandant de la troupe se concertera avec le commandant de la place. *ACCORDÉ.*

5° Tout le matériel de l'artillerie qui se trouve en ce moment au château ne pourra être déplacé ou enlevé que d'après les ordres du gouvernement futur de France ; il en sera de même à l'égard des archives de la place et des papiers et documents du génie.

Sera décidé par le Feld-Maréchal prince Blücher, commandant en chef de l'armée prussienne.

Tous les bagages, meubles et effets des officiers, soldats et employés militaires de ce château resteront intacts. *ACCORDÉ.*

7° Le secrétaire-archiviste de la place et les divers employés de l'artillerie et du génie conserveront leurs emplois. *ACCORDÉ.*

8° L'officier français commandant la troupe française, comme l'officier prussien, commandant la sienne, seront tous deux sous les ordres du commandant du château. *ACCORDÉ.*

Fait au château de Ham, le 27 juin 1815, à cinq heures et demie du matin.

Signé : BARON DE THYELMAN,
Lieutenant-général, commandant en chef le troisième corps de l'armée prussienne.

Signé : BALSON,
Chef de bataillon, commandant d'armes et commandant supérieur de la place et du château de Ham.

Si on considère que la garnison du château de Ham ne se composait, au 26 juin 1815, que de 12 artilleurs, 9 gardes nationaux et 87 vétérans, en tout 108 hommes y compris les officiers ; que l'entrée des fossés était praticable sur plusieurs points, le matériel de défense insuffisant, on regardera comme très honorable la capitulation du commandant Balson, qui, avec d'aussi faibles ressources, a conservé à la France cette place de guerre, avec son matériel, et a retardé pendant 48 heures la marche du troisième corps de l'armée prussienne, forte de plus de 50,000 hommes et de 50 bouches à feu.

Grosse-Tour, véritable cachot, qu'on nomme encore aujourd'hui la *Chambre-du-Roi*, que Louis XI a été tenu prisonnier au château de Ham par Louis de Luxembourg. Louis XI a-t-il couché dans cette chambre comme hôte ou comme prisonnier? Aucun chroniqueur n'en fait mention, et cet emprisonnement paraît peu probable; mais il est certain que le roi a séjourné plusieurs fois au château de Ham, d'où il a daté diverses ordonnances, en mars 1470 et mai 1471. On sait, du reste, que le Connétable, après avoir promis au roi d'être pour lui *envers et contre tous,* recevait le surlendemain un message du duc de Bourgogne qui lui promettait 10,000 écus s'il tenait ses promesses : à ce message, Louis de Luxembourg répondait : *Je trouverai bien moyen de saisir le roi au collet et de l'envoyer finir sa vie quelque part, ou de le faire mourir ; ensuite on prendra la reine et le dauphin, et on les enverra en exil.*

On rapporte aussi, mais avec plus de probabilité, que le Connétable de Saint-Pol, Louis de Luxembourg, fut conduit de Péronne au château de Ham et emprisonné dans la chambre même qu'il avait destinée à Louis XI. Triste revers de la fortune qu'il croyait pouvoir braver du haut de sa formidable tour! A ce sujet, on trouve dans la *Chronique métrique*, de Chastellain et de Molinet le couplet suivant :

J'ai veu Sainct Pol en gloire
Ravy jusques ès cieux.
Puis descendre en bas Loire (tomber dans un piège.)
Mal en grâce de Dieu.
Sainct Pierre s'en délivre (le sire de Saint-Pierre gardien du Comte.)
Pas ne le respita.
Et au prince le livre
Qui le descapita.

Un célèbre prisonnier du château de Ham, dans le quatorzième siècle, fut Jehan Patou, mayeur de Ham, qui eut la langue percée d'un fer rouge pour avoir voulu conserver les prérogatives communales de la ville de Ham. Combien de mayeurs de nos jours en feraient autant!

Après la prise de Ham en 1557, par le roi d'Espagne et le duc de Savoie, Sepois, gouverneur de Ham, fut enfermé au château avec d'Emery de Sepois et Robert de Sepois. Pisseleu de Heilly, qui avait montré dans ce siège un courage digne d'un meilleur sort, fut pris par le duc Emmanuel de Savoie ; mais n'ayant pu payer l'énorme rançon qu'on lui demandait, il mourut son prisonnier. Pisseleu était de la fameuse famille de Heilly, et fils de Guillaume de Pisseleu, qui défendit, en 1512, d'une manière si admirable, Thérouane contre les Impériaux et les Anglais réunis.

Louis de Bourbon, prince de Condé, fils de Charles de Bourbon, duc de Vendôme et seigneur de Ham, fut enfermé au château de Ham, en 1560. Ce fameux prisonnier fut la souche des Condé, des Conti et des Soissons. Il fut surnommé le *Grand*. C'est celui-là même qui fut assassiné au combat de Jarnac, en 1569.

Vitremont d'Humières fut prisonnier à Ham à la fin du seizième siècle, il était parent de Charles d'Humières, lieutenant-général de Picardie, tué à Ham, au siège de 1595.

A la suite du siège de 1595, on trouve, *parmi les prisonniers espagnols* enfermés au château de Ham : Dominique Bandini, Napolitain, commandant pour l'Espagne dans la ville de Ham. (Bandini mourut de ses blessures.) — Balthasar Caracciolo, de la famille du fameux marquis de Vico, commandant dans Ham. — Cicco de Sangré. — Settimio di Fabii, Romain. — Ernando de Ninfa-Marcello-Molina, — Martio Schiaveta-Scipione-Barone, — Martio-Nicolaï, — Annibali-Martino, — J.-B. Caresciano, tous capitaines commandant dans Ham. Olmeda, commandant des Espagnols, qui, peu de temps après, fut envoyé à Saint-Quentin. — Marcello del Gindrie, qui, peu après, fut envoyé à Chauny. — Plus, 700 soldats prisonniers.

On montre dans une espèce de cellule pratiquée dans l'épaisseur des murailles de la monstrueuse *Tour-du-Connétable,* une pierre qui, dit-on, a servi d'oreiller pendant vingt ans à un pauvre capucin, et sur laquelle la forme de son oreille était restée gravée. La tradition exprime que la jeune fille qui ira chercher *une parcelle de la pierre du capucin, trouvera un mari dans le courant de l'année*; voici un couplet de la légende :

Filles de Picardie,
Venez au caveau de Ham
Et l'Eglise vous marie
Avant qu'il ne soit un an.
Ayez figure vermeille,

Bonne dot, et, pour certain,
Vous bénirez l'oreille
L'oreille du capucin.

M. le comte de Peyronnet a raconté la légende du capucin, dont il fait remonter l'emprisonnement à 1598.

Le chevalier d'Aydie (comte de Riom) d'abord abbé, puis amant, puis mari de la duchesse de Berry, cette fille du régent *dont les particularités journalières et sans fin avec le duc d'Orléans, son père, mettaient son mari hors des gonds* (1), fut enfermé au château de Ham, par une lettre de cachet du régent, pour s'être battu en duel avec un nommé Bouton. La cédule portait pour *deux ans*, attendu qu'il avait accepté de se battre en duel avec un roturier. La duchesse de Berry lui fit avoir sa grâce au bout de six mois et ne prit de repos qu'elle n'eût fait pendre le pauvre Bouton, le 19 juin 1717, un mois avant sa mort. M. de Musset a publié un roman intitulé : *La Duchesse de Berry*, dont de Riom est le héros.

Le comte de Larochefoucault (de Roucy), exilé à Ham par suite du ressentiment de la duchesse de Châteauroux. Cette femme, toute puissante sur l'esprit de Louis XV, exigea, pour reparaître à la cour, l'humiliation des princes du sang, l'exil de Maurepas, des ducs de Châtillon, de Bouillon, de La Rochefoucault, etc. Ce dernier fut envoyé à Ham par lettres de cachet.

Cassard (Jacques), de Nantes, l'un de ces nombreux et intrépides marins qui ont illustré les côtes de la Bretagne, leur patrie, jeté dans cette prison par lettre de cachet du cardinal Fleury, mort en 1740.

A la suite de l'édit du 7 décembre 1770, arraché à Louis XV par le chancelier Maupeou, l'organisation du parlement fut changée ; un arrêt du grand-conseil supprima les charges des conseillers et leur défendit de prendre le titre de membre du parlement. Les principaux conseillers furent exilés, et Brochart de Breuil fut envoyé à Ham en 1771.

Parmi les prisonniers de la seconde moitié du XVIIIe siècle, n'oublions pas de mentionner le comte de Mailly, de la branche d'Haucourt, parrain du dernier marquis de Mailly-Nesle. M. de Mailly avait eu une querelle avec plusieurs seigneurs de la cour de

(1) Mémoires de Saint-Simon.

Louis XV, qui s'étaient promis de se battre en duel contre lui jusqu'à ce qu'il succombât. Le roi Louis XV, qui aimait et estimait particulièrement le comte de Mailly, informé de ce projet et voulant le préserver d'une mort presque certaine, prévint l'heure fixée pour la rencontre des parties, fit arrêter le Comte en son hôtel et l'enferma dans la citadelle de Ham, en vertu d'une lettre de cachet. Puis, ayant arrangé l'affaire de son autorité, il fit sortir M. de Mailly du château de Ham, et, pour lui donner une nouvelle preuve de son estime, il le nomma gouverneur de la province du Roussillon. Dans ces fonctions, M. de Mailly s'attira surtout l'amour des Roussillonnais. Arrêté en 1794, il fut envoyé à Doullens par André Dumont et guillotiné à Arras par les ordres de Joseph Lebon, le 25 mars 1794.

On connaît l'histoire du marquis de Marbœuf ou Malbœuf, qu'il ne faut pas confondre avec le gouverneur de la Corse. Ce gentilhomme normand était presque fou, lorsqu'il fut enfermé au château de Ham pour avoir insulté la reine Marie-Antoinette. Il passait son temps à jeter des pièces d'argent après les hirondelles planant au-dessus de l'étang qui baignait alors les murs de sa prison.

Lautrec (de), dont M. de Peyronnet a écrit l'histoire d'une manière si dramatique (1), fut enfermé à Ham pour avoir tué son oncle au pied des autels. Placé dans un cachot fort humide, il restait toujours couché ; sa seule occupation était de distribuer aux rats et aux souris qu'il avait apprivoisés une partie de sa nourriture. Ses ongles, sa barbe étaient d'une longueur démesurée. Lorsqu'on vint lui annoncer qu'il était libre, après quarante-deux ans de captivité, il demanda avec instance qu'on le laissât à Ham. Les habitants de la ville eurent la générosité de l'adopter et de pourvoir à ses besoins jusqu'à sa mort. On en parlait aux enfants, pour les effrayer, comme d'un autre Croquemitaine.

Mirabeau fut détenu à Ham pour avoir publié un *Mémoire au Roi sur l'agiotage ;* mais le roi fit écrire en ces termes au gouverneur du château de Ham par le baron de Breteuil : *L'intention du Roi est de prendre sur son compte la pension de M. de Mirabeau, et qu'il soit bien traité ; j'en préviens le commandant du château de Ham.*

(1) Le livre des *Cent-et-Un*, tome VII, HAM, par M. le comte de Peyronnet.

En 1793, quand on amena au château de Ham les premiers prisonniers autrichiens, ces pauvres gens avaient entendu raconter tant de choses des républicains français, qu'ils pensaient être mangés vivants : quelle ne fut pas leur surprise de voir toute la population de Ham se porter au devant d'eux, attirée par la nouveauté de leurs costumes, et d'en recevoir de l'argent et des effets ! Dans leur reconnaissance, ils s'écrièrent, les yeux humides de larmes : *Oh! praves Françouss !* On cite avec plaisir ces traits d'humanité, honorables pour les habitants de la ville de Ham.

Le 12 germinal an III, la Convention, sur la proposition d'André Dumont (de la Somme), décréta l'arrestation de Choudieu, Chasles et Foussedoire. On ne se borna pas là, dit M. Thiers, dans l'*Histoire de la Révolution française*, on rappela que Huguet avait pris la parole pendant l'envahissement de la salle, et s'était écrié : *Peuple, n'oublie pas tes droits !* que Léonard Bourdon présidait la société populaire de la rue du Vert-Bois, et qu'il avait poussé à l'insurrection par ses déclamations continuelles; que Duhem avait encouragé les révoltés pendant l'irruption de la populace; que les jours précédents, il avait été vu au café *Payen,* à la section des Invalides, buvant avec les principaux chefs des terroristes, et les encourageant à l'insurrection. On dénonça encore d'autres conventionnels, entr'autres Ruamps et Amar, le membre le plus abhorré de l'ancien comité de sûreté générale. A la suite de ces propositions, la Convention décréta l'arrestation de Choudieu, Chasles, Foussedoire, Huguet, Léonard Bourdon, Duhem, Ruamps, Amar, et décida qu'ils seraient conduits sur-le-champ au château de Ham.

Ces huit députés, enfermés à Ham après le 4 avril 1795, furent mis en liberté à la fin des travaux de la Convention, le 4 brumaire (26 octobre 1795). Choudieu, placé depuis dans les bureaux du ministère de la guerre, et désigné pour être déporté après le 3 nivôse, se réfugia en Hollande, et s'y établit libraire. Léonard Bourdon, agent du Directoire à Hambourg, en 1805, était administrateur de l'hôpital militaire de Toulon. Huguet a été postérieurement condamné à mort, le 6 octobre 1796, comme complice du rassemblement du camp de Grenelle (il avait 39 ans). Amar fut impliqué depuis, et acquitté, dans l'affaire Babeuf.

La Convention ne s'arrêta pas là, et, quoique les chefs de la Montagne eussent été envoyés au château de Ham, on crut qu'il en restait encore d'aussi redoutables. Tallien désigna lui-même à la tribune : Cambon, le dictateur des finances; Thuriot, autrefois thermidorien, mais redevenu montagnard; Crassous, l'un des soutiens les plus énergiques des Jacobins; Lesage-Senault, qui avait contribué à faire fermer leur club, mais qui depuis s'était effrayé de la réaction; Lecointre (de Versailles), adversaire déclaré de Billaud, Collot et Barrère; Maignet, l'incendiaire du Midi; Hentz, le terrible proconsul de la Vendée; Levasseur (de la Sarthe), l'un de ceux qui avaient contribué à la mort de Phélippeaux, et Granet, de Marseille, accusé d'être instigateur des révolutionnaires du Midi. Tous ces conventionnels, dit le *Moniteur*, furent décrétés d'arrestation, et comme leur huit collègues, envoyés à Ham; mais, de ces neuf députés, il n'y eut réellement d'enfermés au château de Ham que Lecointre, Maignet, Hentz, Levasseur et Granet; les autres trouvèrent moyen d'échapper à cet emprisonnement. Est-ce pour ce fait que Louis-Joseph-Méry Montigny, commandant du fort de Ham, fut appelé au Comité de salut-public, le 19 germinal an III (8 avril 1795), et accusé d'avoir mis en liberté des prisonniers? On peut présumer que non, car le commandement du fort lui fut rendu, après qu'il eut été entendu. Il mourut peu de temps après, le 16 frimaire an IV (6 décembre 1796).

Bouchotte, arrêté peu de temps avant le 9 thermidor, par mesure de sûreté générale, fut envoyé à Ham, où il se trouvait avec Pache et d'autres prisonniers, lorsqu'un décret de la Convention, du 5 prairial, statua que les prisonniers du château de Ham : Bache, ex-maire de la commune de Paris; Audouin, son gendre; Bouchotte, ex-ministre; Daubigny, son adjoint; Clémence, Marchand, Haron, employés au Comité de salut-public et de sûreté générale, et Hassenfrats, seraient traduits au tribunal criminel du département d'Eure-et-Loir, pour y être incessamment jugés. Ce procès n'eut pas de suite, et Pache et Bouchotte furent élargis par le Comité de sûreté générale, ce dernier après une prison préventive de seize mois.

Le général Rossignol, si connu par ses actes de barbarie, dans la Vendée, où le général Hoche s'illustra par son savoir et son humanité. Arrêté le 13 thermidor (2 août 1794), il fut, par décret de la Convention du 24 nivôse an III (13 janvier 1795), envoyé au château de Ham, où il fut détenu pendant plusieurs mois. Presqu'oublié dans sa prison, il dut sa liberté aux troubles qui précédèrent la journée du 13 vendémiaire. Lorsqu'on lui faisait observer que sa mauvaise tactique faisait tailler en pièces les soldats de son armée, Rossignol répondait : *N'ont-ils pas juré tous de mourir pour la patrie?* Rossignol a été impliqué depuis dans l'affaire Babeuf, puis dans l'attentat du 3 nivôse, et déporté pour ce fait par Fouché.

Pancemont-Antoine-Xavier Maynaud, évêque de Vannes, incarcéré en 1797 au fort de Ham par le Directoire, fut bientôt après remis en liberté par le premier consul.

Lorsque les naufragés de Calais arrivèrent au château de Ham, le 2 frimaire an VIII (1799), au nombre de cinquante-deux, parmi lesquels étaient MM. de Choiseul, de Montmorency, de Vibraye, ils étaient dans le plus complet dénuement. Les habitants de Ham s'empressèrent de leur envoyer du bois, des matelas, des couvertures, de l'argent, des aliments et des médecins. C'est à l'humanité des habitants, d'après le rapport même des prisonniers aux commissaires envoyés, qu'ils durent d'être traités au fort de Ham d'une manière plus humaine. On sait comment ils recouvrèrent leur liberté. M. de Choiseul jeta, de la tour sur l'Esplanade, une lettre attachée à une pierre; une pauvre femme la trouva et la mit à la poste; elle était adressée à madame de Choiseul. Grâce à cette lettre et à celle de mademoiselle de Choiseul, écrite au premier consul Bonaparte, les prisonniers furent mis en liberté par un arrêté des consuls du 18 frimaire an VIII. MM. de Montmorency et de Vibraye restèrent encore quelque temps à Ham, et les anciens habitants se rappellent avoir vu M. de Montmorency se mêler aux mascarades qui eurent lieu dans la ville, *déguisé en grand diable vert*. On est heureux, au milieu des douleurs de la prison, de trouver quelques pages moins tristes.

Belgrade, ou Bellegarde, mulâtre, né à la Martinique, chef de bataillon, aide-de-camp de Toussaint-Louverture, pris et ramené en France avec lui, fut enfermé à Ham, le 29 nivôse an XI, où il resta jusqu'au 14 février 1814, époque où il fut envoyé à Amiens.

L'abbé Louis-Henri de Briosne, arrêté pour ses opinions religieuses et légitimistes, et pour son opposition à Bonaparte dans ses rapports avec le Pape; transféré de Brest à Ham, le 17 fructidor an XIII, sorti du fort le 14 février 1814. A sa sortie, âgé de cinquante-cinq ans, il semblait *être un centenaire descendu vivant encore dans le tombeau anticipé; il ne pouvait plus trouver seul ni la porte de sa chambre, ni même son lit.*

En l'an X, on y enferma des Belges accapareurs de grains : Jacques Hoffman, maire de Stemproy; Nicolas de Borman, maire de Brée; — Guillaume Claessens, Arnould Claessens, marchands à Maseick; — Perren Gielissen; — Louis Cardinaels, maire à Keppel; — Godefroy Neven, maire à Cauzille; — Glaentzer, négociant à Saint-Goard; — Charles Parcus, négociant à Mayence; Charles-Antoine Razella, id. — Théodore Roethgen, de Grimling; — Jacques Steinberger, de Dormagen; — Jacques Wittgens, de Grimling; — Borghmans, Rayemackers, Schellens de Corsendonck; — Bertrand, d'Anvers; — Chrétien Esser, de Grimling; — Grégoire, Lautin, de Sielsaite; Jean-Baptiste Vanden Bosch, de Malines; — Schneider, maire de Nivenheim; — Kucks, Henri, de Grimling-Hausen; — Chrétien Mathiesen, de Norff, etc.

En l'an XII et suivantes, on y envoya les personnes impliquées dans l'affaire de Moreau, de Georges Cadoudal, de Mallet : François L'Hannard, chef d'escadron, au service de l'Allemagne; — Jean David Ramel, Suisse d'origine; — Joseph Dulongprey, de Cherbourg; — Le marquis Jacques Dutheil Larochère; — Sylvain-Nicolas Dutheil fils, capitaine de dragons; — Armand-François-Héraclius de Polignac; — Auguste-Jules-Armand-Marie, prince de Polignac; — Louis-Leridant; — Théodore Roussigny, chef d'escadron.

De l'an VIII à 1807, on y enferma des chefs vendéens, parmi lesquels nous remarquons : Desoteux-Cormatin, major de l'armée vendéenne, curieux personnage à tant de titres, et dont parle M. de Lamartine dans le dernier volume de ses *Confidences;* — Louis Daniel, de Corsel, ancien chef de chouans; puis des soldats plus obscurs : Louis Legoff, de Seglin; — Mathurin Penven, de Auray; — Mathurin Guyomard, de Merdreynac; — François Thomas, de Guerne; — Guérin-Jean-Baptiste Lebras, de Auray; — Antoine Comelin, de Noyal; — Claude Samson, de Champ; — Jean Loyer, de Méneac; — Mathurin Daniel, du Roc-Saint-André; — Jean Guillemot, de Latouche; — François Courtel, de Motton; — Jean Honneur, de Putelange; — Ambroise Denis dit *Desbuttet*, du Mans; — Nicolas-Joseph Dequan, de Messe; — Jean Geene, patron de vaisseau; — Edouard Boëssulan, né à la Guadeloupe, au service de l'Angleterre; — Bernard Roubet, employé aux vivres de la marine; — Toggia François, Hars François, de Monterblanc; — Jean Seveno, de Plaudiu; — Pierre-Anne Dudouit, dit *Des Ruis-*

seaux, de Saint-Malo, ancien capitaine au 2e régiment de la marine à Brest.

En 1806 et 1807, on y envoya bon nombre de prêtres vendéens : Jean-Baptiste Cesvet, de Raton ; — Charles Denis, de Auray ; — Mathurin Lemay, de Lominé ; — Louis Daniel, de Corsel ; — Jean-Baptiste Raymond, de Terve ; Jean-François Patey, du Mesnil Villeman, etc ; — un capitaine prussien, Ernest-Frédéric Stumer ; — un Allemand, Ch. Senig, de Veslaer.

En 1809, Pierre-Marin Merlin, de Surques ; Florentin-Joseph Petit, d'Anez ; — Henri-Auguet, de Gauchin ; — François Hélart, de Senlenque ; — Louis-Marie-Hubert Merlin, marin, d'Outreaux ; — Charles Leturgé, de Hautecloque ; — Jean Chauvel, de Rucca ; — Mathurin Depague, de Saint-Postan ; — François Petit, dit *Boquet*, de Mareuse.

En 1810, Joseph Ximenès de Godoï, cadet espagnol, prisonnier de guerre, né à Ropesa (Estramadure), âgé de 19 ans. (Serait-ce un fils de Don Manuel Godoï, prince de la paix ?)

A l'occasion des discussions avec le Pape, on y enferma, en 1810, plusieurs ecclésiastiques : Mathieu-Pauli, ex-vicaire à Neunkerchen : — Nicolas-Othon Vanckerckoven, curé à Berlaer ; — Corneil Franck, vicaire à Duffel ; — Pierre Verstappen, curé ; — Guillaume Heslen, curé ; — Vande Goor, curé ; — Corneil Dits, vicaire ; — Henri Wouters, récollet ; — Henri Aerts, d'Anvers, récollet ; — Van Bouwel, curé de Kessel : — En 1811 et 1812 : Vanderswalen Conradus, secrétaire de la mairie de Flessingue ; — Jean Lyekembrock et Jean Frasser, de Flessingue ; — Korsten, de Midlebourg ; — Luchtens Adrien et Dierickx, prêtres stivenistes ; — Dionys, de Gierlé, récollet ; — Concha Emmanuel, moine espagnol ; — Memendez Ignacio et Pedro Collado, valets de chambre du prince d'Espagne Ferdinand ; — Sorbi, Tripier, St-Bonnel, Rivoire, Carrega, Montrond, impliqués dans diverses conspirations. Parmi ces prisonniers, Sorbi, Italien, compromis dans la conspiration de Mallet, parvint à s'échapper du fort. On croit reconnaître les détails de son évasion dans un roman intitulé : *Le Cachot de la Tour de Ham*, ou *les Deux Frères*. Sorbi, dans sa prison, avait fait la connaissance de St.-Bonnel, jeune militaire, enfermé comme lui au château de Ham pour avoir entrepris, avec le général irlandais Kolli, de délivrer les princes d'Espagne, détenus au château de Valencey. Les deux prisonniers se communiquèrent leurs projets et cherchèrent de concert les moyens de s'évader du fort. Par une soirée d'hiver sombre et pluvieuse, ils s'échappèrent de leur quartier et se rendirent sur les remparts, munis d'une échelle de corde qu'ils avaient fabriquée avec de vieux lambeaux ; là, après avoir attaché leur mauvaise échelle le plus solidement possible au mur d'enceinte, près de la *Grosse-Tour*, ils tirèrent au sort pour savoir qui des deux descendrait le premier. Le sort fut favorable à Sorbi, qui parvint heureusement à terre. Mais la corde se rompit pendant la descente de St.-Bonnel ; il tomba d'une très-grande hauteur, et, sa tête frappant sur ses genoux, il se cassa plusieurs dents et se coupa la langue. Meurtri, couvert de sang, il n'en traversa pas moins à la nage le fossé du fort, et se cacha dans les roseaux. Quelques coups de feu ne les atteignirent pas ; ils gagnèrent Compiègne, puis Paris, où ils trouvèrent un refuge. Mais peu de temps après, St.-Bonnel, victime d'une dénonciation, fut repris et envoyé à Vincennes.

A la rentrée de Louis XVIII, le château de Ham renfermait encore, indépendamment de douze prêtres français, quarante-cinq prisonniers, parmi lesquels on remarquait : dix Prussiens du corps de Lutzow ;—de Kropf, Charles ;—de Sanowski, Jean, chef d'escadron ; — d'Aschembach, Ferdinand, capitaine ; — Cunppuis, François ; — de Normann, Charles ;— de Nebra, Frédéric ; — d'Oppeln, Jean ; — de Fleurs. — Henri Julien, lieutenants ; — de Moellendorf, aide-de-camp ; —le comte de Hammersiein Hans, général de division au service de la Westphalie ; — un capitaine russe, Lelowskoy, Ignace ;—dix-huit prêtres belges ou bretons ;—un général anglais, Jacques Campbell et Lina Sassen, sa femme ; — Carmelingh, Henri, capitaine du génie, hollandais ; — Lemor, Hariog, médecin d'Amsterdam ; — Carrega, Antoine-Louis, Corse, ancien militaire et, disait-on, cousin de Napoléon ; — Couchery, Victor, frère du député, impliqué dans l'affaire Moreau ; — Buchet, Pierre, prêtre ; — Rivoire, Jean-Pierre, de Lyon, médecin français ; — Concha, moine espagnol ; — six chefs vendéens, parmi lesquels d'Espinay Saint-Luc Adrien-Joseph, maréchal-de-camp, émigré non amnistié, rentré en France sans autorisation ; âgé de 71 ans, il ne faisait plus que végéter au château de Ham, et *il en était venu au point de ne plus savoir où il était ;* — Lerictant, de Vannes ; — Jacques-Rigobert Bazin, homme de lettres, rédacteur d'un journal intitulé : *le Démocrate*, auteur des *Lettres françaises* et des *Lettres philosophiques*, dans lesquelles il donnait de curieux détails sur le général Mallet dont il était l'ami.

Bazin et deux de ses compagnons de captivité étaient parvenus à tromper leurs gardiens, et, quelque hauts que soient les murs du château de Ham, ils les avaient heureusement franchis, lorsqu'ils furent rencontrés par un paysan, qui les dénonça ; on courut après eux et on les ramena au fort, où ils furent mis au cachot, avec les fers aux pieds et aux mains pendant un an.

Sous l'Empire, le château de Ham était occupé par la garde départementale. Le régime intérieur était confié à un commandant, un concierge et quatre gardiens. Les détenus étaient divisés en quatre quartiers. La promenade était réglée et mesurée à chaque quartier ; elle durait deux heures. Chaque prisonnier recevait 25 sous ; plus tard, 35 sous.

Louis XVIII, par une ordonnance du 11 mai 1814, ôta au château de Ham sa destination de prison d'État, ce qui ne l'empêcha pas d'y envoyer, en 1816, le baron de Travot, lieutenant-général, condamné à mort par le conseil de guerre de Rennes, et dont la peine avait été commuée en vingt ans de prison. La raison du malheureux Travot, qui était alors presque sexagénaire, se troubla à l'idée de cette longue captivité, et, lorsqu'il arriva à Ham le 11 avril 1816, elle était entièrement aliénée. L'histoire contemporaine doit un juste tribut d'éloges au dévouement de sa courageuse épouse qui l'accompagna à Ham, plaida à Paris la cause du malheur et obtint, après deux ans, la grâce du malheureux général dont la raison ne revint jamais.

En 1816, le maréchal Moncey y fut enfermé pour avoir refusé de juger le maréchal Ney.

Du Roy de Chaumarey, capitaine du malheureux équipage de *la Méduse*, y a subi, de 1817 à 1819, les trois années de détention auxquelles l'avait condamné le conseil de guerre de Rochefort, le 3 mars 1817,

La révolution de 1830 y a envoyé les ministres de Charles X, à la suite d'un jugement de la Cour des pairs du 21 décembre 1830. Le 29, on y amena de Vincennes MM. le prince Auguste-Armand-Marie de Polignac, pair de France, ministre des affaires étrangères et président du conseil des ministres ; M. le comte Pierre-Denis de Peyronnet, pair de France, ministre de l'intérieur ; M. de Chantelause, Jean-Claude-Balthazar-Victor, ministre de la justice, député ; M. de Guernon-Ranville, Martial-Côme-Annibal-Perpétue-Magloire, ministre de l'instruction publique, député. C'est au château de

Ham que M. de Polignac composa ses *Études historiques, philosophiques et morales*, et M. de Peyronnet son *Histoire des Francs* (1). Ces quatre ministres ont été mis en liberté en 1836 ; M. de Polignac est parti le 29 novembre 1836 pour Calais où il s'est embarqué ; M. de Peyronnet pour Clermont-Ferrand (Puy-de-Dôme) ; M. de Chantelause, le 26 octobre 1836, pour le département de la Loire ; M. de Guernon, le 24 novembre 1836, pour Ranville (Calvados).

Le 17 juillet 1840, don Ramon Cabrera, chef carliste, chassé de l'Espagne par Espartero, fut conduit au fort de Ham par mesure politique. Il y resta peu de temps, car il fut évacué sur Lille le 9 août 1840. Plus tard, il trompa la vigilance de la police française et il rentra en Espagne en 1847.

Le prince Charles-Louis-Napoléon y arriva le 7 octobre 1840, par suite d'un jugement de la Cour des pairs, rendu la veille. Ce fut pendant son séjour à Ham qu'il composa ses *Études sur le passé*

(1) M. P. Hédouin, ancien bâtonnier des avocats à Boulogne-sur-Mer, habitant maintenant Valenciennes, nous communique une lettre autographe de M. le comte de Peyronnet, datée du 23 janvier 1831. Cette lettre nous a paru d'autant plus intéressante, pour l'article que nous publions, qu'elle a été écrite dans le château de Ham, et témoigne des nobles sentiments, de l'esprit plein de grâce, de distinction, et de la haute philosophie chrétienne de l'illustre prisonnier. Nous croyons ne pas commettre une indiscrétion en faisant connaître cette lettre, véritable pièce historique. La voici :

« On vous dit? ... oh, oh, mon cher avocat, vous avez besoin qu'on vous dise que le prisonnier se réjouira s'il reçoit de vous une marque de souvenir et d'affection ! Le beau procès que je vous ferais, tout licencié ès-lois que vous êtes, si je n'étais pas interdit ! Rendez-donc grâce à l'arrêt ; oui, rendez-lui grâce, je vous prie, car vous seriez bien et dûment condamné, si la joie des assignations et des plaidoyers n'était pas, Dieu merci, finie pour moi. Malheureusement, ce n'est pas la seule à laquelle il m'ait fallu renoncer. Adieu les bons dîners, les bons entretiens, la bonne politique d'un certain salon circulaire, où l'on discutait, disputait et s'accordait si parfaitement. *Fugaces labuntur...* Ce méchant Horace nous a porté malheur. Le voilà pourtant sur mes nouvelles tablettes, avec les bons compagnons que je n'ai pu encore lui donner. Ne me conseillez-vous pas de le réformer et de le chasser? En vérité, tout aimable qu'il est, j'en ai quelquefois la fantaisie. Qu'ai-je à faire de ce radoteur, qui m'assure que je puis très-bien vivre de peu, que l'abondance est fastidieuse, et qu'il n'y a rien au monde d'ennuyeux comme une maison bien étoffée où l'on ne manque de rien? En ce cas, mon ami, vous pouvez croire que je suis en bon lieu pour avoir du plaisir ; car je ne sais guère de quoi l'on y manque point. Pas de sang-froid pourtant, ni de résignation, ni de patience : ce sont provisions déjà faites et que j'avais apportées. Aussi m'en trouvé-je amplement pourvu. La santé aussi ne me fait point faute. Mais, pour le reste, disette absolue. Et pourtant, mon cher avocat, je vous jure que je ne suis pas malheureux, que ce serait folie de me plaindre, qu'il faut m'aimer, m'aimer encore, m'aimer toujours, et puis, voilà tout. Adieu.

» DE PEYRONNET.

« Ham, 23 janvier 1831. »

et l'avenir de l'Artillerie (1), ouvrage plein de curieuses recherches; — *Analyse de la question des sucres* (1842); — *Fragments historiques ; — De l'extinction du Paupérisme en France.*

Louis-Napoléon s'échappa du fort de Ham sous un déguisement le 26 mai 1846. Si les habitants de Ham virent avec plaisir le prisonnier qui avait su s'attirer leur sympathie rendu à la liberté, d'un autre côté, dans l'intérêt des malheureux, ils regrettèrent vivement son éloignement, en se rappelant les œuvres de bienfaisance que sa main généreuse avait répandues de toutes parts autour de lui,

Le même jugement de la Cour des pairs y avait envoyé M. le docteur Conneau et M. le général de Montholon. M. le docteur Henri Conneau, médecin du prince, mis en liberté en 1844, resta prisonnier avec Louis-Napoléon jusqu'à l'époque de son évasion. M. le général Charles-Tristan de Montholon, maréchal-de-camp, déjà compagnon de captivité de l'Empereur à Sainte-Helène, a été mis en liberté le 13 juillet 1846, après l'évasion du prince. C'est pendant son séjour à Ham que M. de Montholon a publié l'*Histoire de la Captivité de Sainte-Hélène*. La préface est datée du château de Ham (5 juin 1844).

M. Charles Thélin, attaché au service du prince Louis-Napoléon, autorisé à se constituer volontairement prisonnier, s'échappa avec lui le 26 mai 1846.

M. Demarle, Auguste, commandant d'armes au château de Ham, mis en état d'arrestation, le 26 mai 1846, par suite de l'évasion du prince Louis-Napoléon, fut rendu à la liberté le 16 juin 1846.

La révolution de 1848 y exila le chef arabe Mohamel-Ben-Abd-Allah, mieux connu par le surnom de *Bou-Maza* (mot à mot *le père*

(1) Pendant le séjour du prince Louis-Napoléon au fort de Ham, le prisonnier s'est adressé à moi pour la recherche, dans les archives de St-Quentin, de quelques documents pour son ouvrage sur l'artillerie. Je donne ici la dernière lettre qu'il m'a adressée pour m'en remercier :

« Fort de Ham, le 6 Juillet 1844.

« Monsieur,

» J'ai reçu avec reconnaissance les notes que vous avez bien voulu rechercher pour moi aux » archives de Saint-Quentin. Bien qu'assez modernes, elles n'en sont pas moins intéressantes » pour mon travail. Les pièces marquées St-Luc sont sans aucun doute du temps de François, » marquis d'Epinai de St-Luc, qui fut grand-maître de l'artillerie en 1596.

» Je regrette de vous avoir donné tant de peine ; car je sais par expérience combien il est » fastidieux de faire des recherches dans de vieux manuscrits : je vous remercie donc sincère- » ment, Monsieur, de l'obligeance que vous m'avez montrée, et je vous prie de recevoir l'assu- » rance de mes sentiments distingués.

« NAPOLÉON-LOUIS. »

A Monsieur Ch. GOMART, *à Saint-Quentin.*

de la chèvre), schérif arabe, se disant représentant de la volonté divine. Après avoir combattu pendant deux ans nos armées en Afrique, il fut à la fin réduit à fuir, abandonné de toutes les populations nomades, fatiguées de la guerre. Il comprit alors seulement la force de nos armes et vint se rendre, le 13 avril 1847, au colonel de St-Arnaud, en lui disant : « J'ai fait tout ce que j'ai pu pour ma religion et pour mes frères ; tu es celui des Français contre lequel j'ai le plus souvent combattu, c'est à toi que je veux me rendre. » Ramené en France, il fut traité à Paris plutôt comme un hôte que comme un prisonnier. A la révolution de février, il chercha à profiter du premier moment de trouble pour s'échapper, et il allait s'embarquer à Brest, lorsqu'il fut arrêté, puis écroué dans la prison de Ham, le 10 avril 1848. Le prince Louis-Napoléon, lors de la visite qu'il fit, le 22 juillet 1849, aux habitants de la ville de Ham, adoucit la captivité de Bou-Maza, en lui donnant la ville pour prison et en augmentant la pension que lui faisait le gouvernement français.

A la suite de la dissolution de l'Assemblée législative, décrétée par le Prince Louis-Napoléon, le 2 décembre 1851, les portes du fort se sont ouvertes pour recevoir huit membres de cette assemblée : MM. les généraux Cavaignac, Changarnier, de Lamoricière, Bedeau, Le Flô, M. le colonel Charras, MM. Baze et Roger (du Nord).

M. Roger (du Nord) a été mis en liberté le 13 décembre 1851. M. Cavaignac le 19 décembre 1851. M. Le Flô est parti pour Boulogne, pour être conduit en Angleterre le 8 janvier 1852. M. Baze pour Aix-la-Chapelle, le 8 janvier 1852; M. Changarnier pour Malines, le 8 janvier 1852; M. de Lamoricière pour Bruxelles, le 9 janvier 1852.

Quel singulier et méditatif tableau nous offre cette revue des prisonniers de Ham, et combien l'histoire de cette forteresse est féconde en grands enseignements !

Saint-Quentin, le 10 Janvier 1852.

LAON. — IMP. DE ERN. MARÉCHAL.

www.ingramcontent.com/pod-product-compliance
Ingram Content Group UK Ltd.
Pitfield, Milton Keynes, MK11 3LW, UK
UKHW020408250726
13967UKWH00006B/2527

9 782013 027694